AF297921

MINISTÈRE DE LA GUERRE

INSTRUCTION DU 1ᵉʳ FÉVRIER 1903

POUR

L'INSPECTION GÉNÉRALE

DE LA GENDARMERIE

PARIS

Henri CHARLES-LAVAUZELLE

Éditeur militaire

10, Rue Danton, Boulevard Saint-Germain, 118

(MÊME MAISON A LIMOGES)

MINISTÈRE DE LA GUERRE

INSTRUCTION DU 1er FÉVRIER 1903

POUR

L'INSPECTION GÉNÉRALE DE LA GENDARMERIE

I. — DISPOSITIONS GÉNÉRALES.

Art. 1er. Les généraux désignés pour procéder à l'inspection générale de la gendarmerie commencent leurs opérations à partir du 1er juin de chaque année. Toutefois, l'inspection générale de la 19e légion et de la compagnie de Tunisie commence à partir du 1er mai.

Les légions de gendarmerie sont réparties en sept arrondissements d'inspection dont la composition est indiquée par un tableau annexé à la présente instruction.

Art. 2. Les opérations de l'inspection générale peuvent se diviser en deux catégories :

1re *catégorie.* — Les opérations de cette catégorie comprennent :

1° L'examen et l'arrêté des propositions pour l'avancement (officiers et candidats au grade de sous-lieutenant), la Légion d'honneur et la médaille militaire et pour l'admission dans la gendarmerie des officiers et sous-officiers des corps de troupe. Ces propositions devront être arrêtées assez à temps pour que les livrets de propositions, visés par l'instruction du 1er juillet 1901, revisée et mise à jour jusqu'au 1er juin 1902, et concernant l'avancement, la Légion d'honneur et la médaille militaire, soient remis aux commandants de corps d'armée à la date fixée par ces officiers généraux;

2° L'examen et l'arrêté des propositions pour l'avancement (troupe) et pour les diverses allocations sur le fonds spécial.

2e *catégorie.* — Les opérations de cette catégorie comprennent :

Le contrôle de la direction imprimée au service par le chef de légion, de l'état de la tenue, de l'instruction, du casernement, de la préparation de la mobilisation, des relations avec les autorités judiciaires et administratives.

En principe, les opérations des deux catégories s'effectuent simultanément. Cependant l'inspecteur peut, s'il le juge convenable, examiner, séparément et dans un voyage spécial, toute question importante se rattachant aux opérations de la 2ᵉ catégorie.

La tournée d'octobre des commandants d'arrondissement ne sera reculée sous aucun prétexte et aura lieu partout à l'époque habituelle, lors même que les inspecteurs généraux opéreraient à ce moment dans certaines légions.

Les permissions ne seront pas suspendues sous réserve que, sauf le cas de force majeure, tous les officiers et hommes de troupe convoqués en un centre d'inspection par l'inspecteur devront s'y trouver présents au jour fixé.

Les inspecteurs généraux pourvus de commandements, dont les unités prendraient part aux manœuvres d'automne, devront se trouver à leur poste pour ces manœuvres et interrompront en conséquence leur inspection.

Art. 3. L'inspection s'opère, en principe, par arrondissement ou section d'arrondissement; mais l'inspecteur peut, au besoin, réunir en un même point le personnel de deux arrondissements ou sections, si la facilité des communications et les circonstances le lui permettent.

Il peut encore, le cas échéant :

1° Convoquer l'officier et les candidats à l'avancement d'un arrondissement ou section au centre d'inspection le plus proche, dans un autre arrondissement;

2° Inspecter le même jour deux chefs-lieux d'arrondissement ou de section très rapprochés l'un de l'autre;

3° Inspecter, au cours d'un même voyage, des arrondissements ou sections appartenant à des légions différentes, mais rapprochés les uns des autres et bien reliés par des voies ferrées.

L'inspecteur général a, d'ailleurs, toute latitude pour agir au mieux des circonstances en cherchant à éviter au personnel des légions de son arrondissement tout déplacement inutile et à employer lui-même son temps aussi fructueusement que possible.

Il n'a pas à se rendre au chef-lieu du corps d'armée avant de commencer ses opérations dans la région. Il se présente, à la première occasion, au commandant du corps d'armée qui, connaissant son itinéraire, peut, quand il le juge convenable, écrire pour appeler son attention sur certaines parties du service.

Art. 4. En s'inspirant des considérations exposées dans les

articles précédents, l'inspecteur sera amené à fractionner ses opérations et à effectuer ainsi plusieurs déplacements séparés par des intervalles plus ou moins longs. Pour chacun de ses déplacements, il établira un itinéraire qu'il adressera, au moment de sa mise en route, aux autorités ci-après :

1° Le Ministre de la guerre (six exemplaires dont deux adressés au bureau de la correspondance générale et quatre au bureau de la gendarmerie) et les commandants de corps d'armée intéressés;

2° Les chefs des légions qu'il doit inspecter ;

3° Les procureurs généraux dans le ressort desquels il doit opérer;

4° Les préfets des départements compris dans son itinéraire d'inspection;

5° Le directeur de l'intendance du corps d'armée dans lequel il se rend.

Avant d'établir chacun de ces itinéraires, l'inspecteur se met en rapport avec les commandants de corps d'armée, procureurs généraux, préfets et chefs de légion sur le territoire desquels il doit se rendre.

Aux commandants de corps d'armée, préfets et procureurs généraux, il demande de vouloir bien lui faire parvenir les observations écrites qu'ils auraient à formuler au sujet du service de la gendarmerie.

Aux chefs de légion, il demande un résumé succinct des affaires importantes (conflits, affaires de discipline, etc.) survenues dans leur légion depuis l'inspection générale précédente et un état numérique des punitions graves prononcées depuis la même époque.

Ces divers renseignements peuvent influer sur l'itinéraire qu'il se propose de suivre. Il n'arrête donc cet itinéraire qu'après les avoir reçus.

Art. 5. L'inspecteur doit suspendre ses opérations les dimanches et jours de fête légale, ainsi que le 14 juillet, jour où les brigades doivent se trouver à leur poste.

Art. 6. Il reçoit ou fait, dans les villes de garnison, les visites prescrites par le service des places.

Quand il doit se rendre dans un chef-lieu d'arrondissement, le sous-préfet et le procureur de la République en sont informés par l'officier de gendarmerie de leur résidence. Au chef-lieu du département, le procureur de la République en sera informé par le chef d'escadron.

Dans l'intérêt du service public, les sous-préfets et chefs de parquet, et, en cas d'absence de ceux-ci, leurs substituts, font à l'inspecteur général une visite que celui-ci leur rend exactement.

L'inspecteur reçoit la visite des préfets, s'il est général de division. Il leur fait la première visite s'il est général de brigade.

Art. 7. Lorsque l'inspecteur opère dans une légion, le chef de légion n'en continue pas moins à correspondre avec le Ministre par l'intermédiaire du général commandant le corps d'armée.

D'ailleurs, en dehors de ses opérations d'inspection proprement dites, l'inspecteur ne peut s'immiscer dans le service des légions.

S'il exerce un commandement sur le territoire de l'arrondissement d'inspection qui lui est attribué, il a cependant la faculté de visiter les casernes de gendarmerie dans les localités qu'il traverserait à l'occasion de manœuvres, séances de la commission de réforme, opérations du conseil de revision, etc.

II. — RELATIONS AVEC LES AUTORITÉS.

Art. 8. L'inspecteur général s'assure que, dans aucune circonstance, la gendarmerie ne s'immisce dans les questions touchant à la politique, ni surtout aux querelles locales des différents partis.

Il s'assure, en outre, qu'elle n'est pas détournée de son rôle essentiel, qui est de veiller à la sécurité publique et au maintien de l'ordre, par suite d'exigences abusives de la part des autorités administratives et judiciaires ou du service de recrutement.

Art. 9. Se référant aux observations écrites qu'il a provoquées de la part des autorités civiles et militaires en exécution de l'article 4 de la présente instruction, l'inspecteur examine sur place les questions soulevées, après avoir reçu les rapports des officiers de gendarmerie.

Il consigne le résultat de ses investigations dans des rapports spéciaux auxquels il joint les documents qui lui ont été transmis. Il adresse ces rapports au Ministre, par l'intermédiaire du commandant de corps d'armée, sans attendre la fin de son inspection, et formulant telles propositions qu'il juge nécessaires.

Les observations qui lui ont été adressées par écrit ne le dispensent pas de se mettre en rapport avec les autorités militaires administratives et judiciaires, dont les communications verbales doivent lui permettre de compléter les renseignements recueillis par lui.

III. — PERSONNEL

Art. 10. Il invite le chef de corps ou de service à signaler à ses subordonnés, comme un manquement à la discipline, l'appel aux recommandations des personnes étrangères à l'armée. Ils s'exposent, en ce cas, à des peines disciplinaires.

Art. 11. Il doit se faire une opinion sur la valeur de chacun des officiers inspectés, tant par un examen attentif de son dossier que par la lecture de sa correspondance, par son attitude sur le terrain, par la correction de sa tenue, par le jugement et les connaissances que pourront dénoter ses réponses aux questions qui devront lui être posées sur les divers règlements et sur la pratique de son service.

Il n'hésite pas à faire établir les propositions de mise en non-activité, de réforme ou d'admission à la retraite qu'il juge nécessaires dans l'intérêt du service, et il les adresse immédiatement au Ministre par l'intermédiaire du général commandant le corps d'armée, qui émet également son avis.

Il examine tout particulièrement les officiers admis dans la gendarmerie depuis l'inspection générale précédente.

Art. 12. Il se fait présenter les lieutenants et les capitaines ou assimilés susceptibles d'être promus à l'ancienneté dans le délai d'un an.

Il examine si ces officiers sont aptes à exercer avec autorité les fonctions du nouveau grade qui doit leur revenir au tour de l'ancienneté. Ceux d'entre eux qui ne présenteraient pas, à cet égard, les garanties nécessaires, sont l'objet d'un rapport spécial qui est immédiatement transmis au commandant du corps d'armée, avec l'avis motivé de l'inspecteur général.

Art. 13. L'inspecteur reçoit individuellement tous les officiers. Il reçoit aussi tous les gradés et gendarmes qui désireraient être entendus par lui.

Il statue sur les réclamations qui n'exigent pas une décision spéciale du Ministre. Il transmet les autres après s'être assuré qu'il n'a pas déjà été pris de décision en ce qui les concerne soit par le Ministre, soit par le commandant du corps d'armée.

Art. 14. Il recommande aux chefs de légion de profiter des facilités que leur donnent les dispositions en vigueur pour placer les brigadiers et maréchaux des logis à pied, susceptibles de devenir maréchaux des logis chefs, ou d'être promus plus tard sous-lieutenants, dans des résidences où se trouvent des brigades à cheval. Il importe, en effet, que ces

gradés soient mis en situation de s'initier au service des brigades à cheval et d'apprendre l'équitation.

Art. 15. L'inspecteur général peut autoriser l'allocation
d'une ration de 25 centilitres de vin à chacun des hommes de
troupe présents lors de son inspection.

Cette allocation peut être remplacée par l'indemnité repré-
sentative correspondante. Elle n'est donnée qu'une seule fois,
à l'occasion d'une des opérations de l'inspection.

IV. — SERVICE.

Art. 16. L'inspecteur général doit porter toute son attention sur la question de la simplification des écritures.

Il fait détruire les dossiers constitués avec des circulaires
ou notes diverses émanant des chefs de légion, commandants
de compagnie et d'arrondissement, et qui font double emploi
avec les règlements ou tendent à les compléter. Ces dossiers
comportent habituellement des catalogues et méthodes de
classement des plus compliqués qui font perdre à tous les
officiers et chefs de brigade un temps considérable.

Il s'assure que les officiers de tous grades laissent à leurs
subordonnés toute l'initiative possible, qu'ils évitent de les
harceler par l'envoi de trop nombreuses notes de service, vi-
sant le plus souvent des détails oiseux, ou d'exiger d'eux des
comptes rendus qui ne seraient pas absolument utiles.

Il vérifie, à cet effet, avec un soin tout particulier, les tableaux de pièces périodiques, les registres de correspondance
des officiers et les lettres ou notes, enregistrées ou non, re-
çues au cours de l'année, ou même pendant les année précédentes, par les officiers et par un certain nombre de chefs
de brigade. Il prend, s'il y a lieu, des mesures de rigueur,
car il importe, dans l'intérêt du service, de réduire les écritures de la gendarmerie au strict nécessaire.

Il convient, dans cet ordre d'idées, d'engager les officiers
à profiter de toutes les occasions où ils sont en contact avec
leurs subordonnés pour leur adresser verbalement les observations qu'ils jugent utiles au sujet de la marche du service.

Art. 17. Dans la gendarmerie, le service doit être particulièrement actif. Il importe, dans l'intérêt de la sécurité publique, de n'immobiliser dans les bureaux que le nombre
d'hommes strictement indispensable.

L'inspecteur s'assure que les chefs de légion, commandants
de compagnie et trésoriers n'emploient que les secrétaires
prévus par le service intérieur.

Il engage les chefs de légion et commandants de compagnie à rechercher les moyens les plus pratiques de réduire le travail de leur secrétaire, par exemple : par l'emploi de timbres pour toutes les transmissions ne comportant pas de développement; par l'emploi, pour certaines affaires se re-présentant périodiquement, de formules imprimées ou auto-graphiées pouvant être promptement remplies; par des en-tretiens avec leurs subordonnés chaque fois qu'ils en ont l'oc-casion, comme il est expliqué à l'article 16.

Art. 18. Les commandants de compagnie et d'arrondisse-ment étant responsables de la discipline, de la tenue, de l'in-struction des unités sous leurs ordres, il convient de leur laisser toute latitude quant au mode d'inspection de leurs brigades, soit en tournée, soit surtout en visite inopinée.

Pour les tournées, il ne peut être question de fixer aux officiers la durée de leur inspection dans les brigades. Cette durée peut, en effet, varier pour bien des raisons (arme, effec-tif présent à la revue, distance du champ de tir, degré de confiance qu'inspire le chef de brigade, etc.).

Il ne doit y avoir aucun cliché pour les comptes rendus des officiers. L'article 236 du service intérieur leur sert d'ailleurs de guide pour les observations de tournées. En tout cas, les comptes rendus des inspections de toute nature doivent être très succincts et ne viser que des points ayant une certaine importance. Pour les visites inopinées, une simple mention aux objets divers suffit quand elles n'ont donné lieu à au-cune observation saillante (art. 31 du service intérieur).

L'inspecteur exige qu'on se conforme partout, strictement, à ces prescriptions.

Art. 19. L'inspecteur général de la garde républicaine vé-rifie la situation des employés et plantons à l'intérieur du corps. Il fait rentrer dans le rang tous ceux qui seraient distraits, irrégulièrement ou sans absolue nécessité, du ser-vice actif.

V. — INSTRUCTION.

Art. 20. L'enseignement donné dans les brigades doit être aussi pratique que possible. Il convient de multiplier les exemples et de montrer aux hommes les pièces ou documents dont on leur parle. Il faut, en outre, ne pas trop entrer dans le détail des règlements, mais s'attacher aux points essentiels et chercher à les inculquer aux gendarmes par la répétition fréquente des mêmes leçons.

Cette manière de faire n'empêche pas de donner des no-tions plus complètes aux gendarmes les mieux doués ou sus-ceptibles de faire des gradés.

Pour des causes diverses, beaucoup de nouveaux admis

arrivent dans la gendarmerie avec une instruction militaire insuffisante qu'il faut reprendre avec soin. Cette reprise de l'instruction militaire a lieu, du reste, pour tous les nouveaux admis. Elle doit se faire, au moins en ce qui concerne l'attitude militaire, la connaissance et le maniement des armes, pendant le temps que les nouveaux admis passent au chef-lieu de la compagnie, en attendant la réception de leurs effets.

L'inspecteur vérifie si on se conforme aux principes énoncés ci-dessus et s'il n'y a pas de tendances à employer les nouveaux admis, dans les chefs-lieux de compagnie, à des occupations n'ayant aucun rapport avec leur instruction.

Les nouveaux admis de la garde républicaine doivent être pourvus, dans le plus bref délai possible, d'une collection d'effets au moins, en vue des classes d'instruction auxquelles ils doivent assister.

Art. 21. L'inspecteur décerne les prix de tir de l'année dans les conditions réglementaires.

Des gratifications à prélever sur le fonds spécial peuvent être accordées aux gradés et gendarmes qui ont le plus efficacement contribué aux progrès des diverses parties de l'instruction, ou qui ont fait eux-mêmes des progrès dignes d'encouragement. Ces gratifications seront réparties entre les deux armes et, autant que possible, proportionnellement à l'effectif de chacune d'elles. Elles sont attribuées, pour une moitié environ, aux sous-officiers et brigadiers et, pour le restant, aux gendarmes ou gardes.

* Le Ministre fixe annuellement et notifie, avant l'inspection générale, la somme mise à cet effet à la disposition de chaque légion. La quotité de chaque gratification ne peut être supérieure à 50 francs, ni inférieure à 25 francs.

L'inspecteur adresse ses propositions au Ministre pour l'attribution des gratifications sur le fonds spécial, sous forme d'un état établi par compagnie, en double expédition.

Art. 22. Les travaux d'étude qui auraient été faits par des officiers sont examinés par l'inspecteur. Il ne transmet au Ministre que des travaux d'une valeur exceptionnelle et fait restituer les autres à leurs auteurs par le chef de légion. Les meilleurs de ces derniers travaux peuvent être cités à l'ordre de la légion.

Art. 23. L'inspecteur général porte toute son attention sur les conditions dans lesquelles l'escrime est enseignée aux militaires de la garde républicaine. Il constate les progrès réalisés et encourage les efforts faits pour développer le goût et la pratique d'un art qui est de nature à entretenir, chez les gradés et gardes, une certaine souplesse, et à leur donner une allure dégagée et militaire.

VI. — MOBILISATION.

Art. 24. L'inspecteur général vérifie si les officiers, gradés et gendarmes désignés pour les prévôtés ont été convenablement choisis, s'ils sont tous aptes à faire campagne, si leurs chevaux présentent les garanties d'un bon service de guerre et s'ils connaissent bien le service qu'ils auraient à faire aux armées.

Il vérifie également si les effets et munitions de mobilisation qui leur sont destinés, les ferrures de rechange, caisses à archives et voitures sont constitués et en état d'être utilisés.

En ce qui concerne les imprimés, documents et registres contenus dans les caisses à archives, l'inspecteur examine s'ils sont bien en concordance avec les annexes I et IX de l'instruction du 13 février 1900 sur le service en campagne et avec le tableau inséré dans l'instruction sur la comptabilité de la gendarmerie en campagne. Il recommande de ne procéder au remplacement des documents et imprimés qu'avec une stricte économie et seulement en cas de nécessité bien démontrée.

Art. 25. Les chefs de légion, en résidence au chef-lieu du corps d'armée, établiront :

1° Un état numérique, par détachement, des prévôtés et forces publiques constituées dans le corps d'armée avec indication du point de mobilisation de chacune d'elles ;

2° Un état numérique, par grade et classe, des gradés et gendarmes réservistes et territoriaux. Les officiers territoriaux de remplacement y figureront nominativement avec mention de leur poste d'affectation.

Les chefs de légion consigneront, s'il y a lieu, leurs observations dans une colonne *ad hoc* de ces deux états, qui, après avoir été soumis à l'inspecteur, seront transmis par lui au Ministre, sous pli cacheté à la cire.

L'inspecteur rappelle aux chefs de légion que l'excès des officiers supérieurs de gendarmerie retraités, d'une part, et l'insuffisance des officiers admis à la retraite dans les grades de capitaine et de lieutenant, d'autre part, comparativement aux emplois à pourvoir dans le service du remplacement, ne permettent pas de donner de l'avancement au personnel désigné pour ce service. Mais, à l'inspection générale précédant leur radiation des contrôles du remplacement, les officiers qui y sont employés peuvent être proposés pour le grade supérieur à celui qu'ils occupent, dans les conditions déterminées par l'article 4 des « Dispositions spéciales à la gendarmerie » insérées dans l'instruction sur l'administration des officiers de réserve et de l'armée territoriale, sous réserve des conditions d'âge imposées pour être admis dans les services sollicités par les officiers.

VII. — ADMINISTRATION.

Art. 26. L'inspecteur général réunit le conseil d'administration et convoque, pour cette séance, le sous-intendant militaire chargé de la surveillance administrative du corps.

Il fait procéder, en sa présence, à la vérification des caisses du trésorier et du conseil.

Il se fait représenter les valeurs existant dans chacune d'elles, soit en numéraire, soit en récépissés de dépôts au Trésor.

Il s'assure qu'il n'existe aucune masse occulte et qu'il n'est opéré aucune retenue illicite, même avec le consentement des intéressés.

Il fait procéder aux redressements qu'il jugerait nécessaires; il prescrit les réintégrations qu'il y aurait lieu de faire à la caisse ou au magasin du corps et en informe le commandant du corps d'armée.

Masse d'entretien et de remonte.

Art. 27. Il s'assure que la masse d'entretien et de remonte, dont le taux d'alimentation est déterminé par le tarif spécial annexé au règlement sur la solde et les revues, est gérée avec économie, et que les indemnités et primes prélevées sur cette masse sont exactement portées au crédit des comptes courants des hommes à qui elles ont été allouées.

Masse de secours.

Art. 28. L'inspecteur vérifie si les dépenses imputables sur les fonds de la masse de secours sont renfermées dans de justes limites et si les secours sont attribués judicieusement et avec équité.

Masse individuelle.

Art. 29. L'inspecteur s'assure que les règles relatives au fonctionnement et à l'administration de la masse individuelle sont exactement suivies.

VIII. — REMONTES.

Art. 30. L'inspecteur vérifie si les chevaux des brigadiers et gendarmes conviennent au service de l'arme. Il recommande de ne pas abuser des réformes, qui ne doivent être prononcées qu'à bon escient et quand l'incurabilité ou l'usure est bien démontrée.

IX. — CASERNEMENT.

Art. 31. L'inspecteur se rend compte de la situation du casernement de chaque compagnie. Il appelle l'attention des préfets sur les casernes qui laissent à désirer.

S'il juge nécessaire, dans certains cas, l'intervention du Ministre, il consigne ses observations dans un rapport spécial.

Une situation du casernement est établie dans chaque compagnie à l'occasion de l'inspection générale. Il n'y est fait mention que des casernes dont les baux sont à renouveler au 31 décembre de l'année qui suit l'inspection générale et de celles offrant de sérieux inconvénients et ayant donné lieu à des démarches en vue de leur amélioration. Le résultat des démarches faites pour le renouvellement des baux, l'évacuation ou l'amélioration des casernements occupés, doit être indiqué.

L'inspecteur consigne ses observations en regard et y ajoute le résultat de son entretien avec le préfet. On doit se conformer exactement, pour établir cette situation, aux indications qui figurent sur la formule imprimée destinée à recevoir tous les renseignements à cet égard.

L'inspecteur transmet cette pièce au Ministre.

X. — AVANCEMENT.

A. — Troupe.

Dispositions générales.

Art. 32. Le recrutement des cadres doit être fait avec le plus grand soin dans la gendarmerie, où les chefs de brigade ont à remplir des fonctions extrêmement importantes.

On ne doit donc proposer pour l'avancement que des gradés et gendarmes d'un réel mérite et éviter absolument les candidatures dites d'encouragement.

Le chef de légion centralise les propositions que lui soumettent ses commandants de compagnie à la suite de leur tournée et de celles des commandants d'arrondissement sous leurs ordres. Il les modifie comme il le juge utile et proportionne le nombre des candidats à celui des inscriptions définitives à faire sur les tableaux d'avancement.

Il n'y a pas lieu de soumettre les candidats ainsi désignés par le chef de légion à l'épreuve d'un procès-verbal ou décompte fictif, leur aptitude étant suffisamment démontrée par leur manière habituelle de servir.

Le chef de légion classe les candidats par ordre de mérite, en tenant compte de leurs qualités de commandement, de leur degré d'instruction et, à mérite égal, de leur ancienneté.

Art. 33. L'inspecteur général arrête les tableaux d'avancement.

Il s'assure que les candidats maintenus sur les tableaux précédents sont toujours dignes d'y figurer. S'ils ont démérité, il prononce leur radiation.

Les titres des militaires de tous grades, qui, étant candidats les années précédentes, n'ont pu trouver place au tableau, sont discutés exactement dans les mêmes conditions que ceux des nouveaux candidats de l'année.

Les gradés et gendarmes présentés trois fois pour l'avancement par le chef de légion, et non maintenus par l'inspecteur général, ne peuvent plus être présentés.

Art. 34. Les tableaux sont établis par arme et par grade. Il y a intérêt à ce qu'ils ne soient pas trop chargés. Ils ne doivent pas contenir, pour chaque arme et pour chaque grade, plus de candidats qu'on n'en peut vraisemblablement nommer dans les dix-huit mois qui suivent la date de l'arrêté des tableaux par l'inspecteur général. Le chef de légion soumet ses propositions à cet égard à l'inspecteur, en tenant compte des vacances probables pendant la période qui vient d'être indiquée et du nombre de candidats encore inscrits sur les tableaux. L'inspecteur statue.

Cas particuliers.

Art. 35. Il n'est pas fait de proposition spéciale pour l'emploi de brigadier secrétaire, au moment de l'inspection générale. Lorsque l'emploi devient vacant, le chef de légion désigne, soit un brigadier en fonctions, soit un candidat inscrit de l'arme à pied ou de l'arme à cheval.

Art. 36. Des tableaux d'avancement sont également établis pour les musiciens de la garde républicaine susceptibles d'être proposés pour la classe supérieure. (Règlement ministériel du 25 août 1854.)

Art. 37. Un tableau spécial d'avancement est établi pour les grades d'adjudant ou maréchal des logis chef 1er secrétaire, maréchal des logis 2e secrétaire, brigadier 3e secrétaire du trésorier.

Une liste d'aptitude est établie pour les gradés et gendarmes de la partie active qui demandent à occuper un emploi de leur grade dans les bureaux du capitaine trésorier et qui ont justifié de connaissances administratives suffisantes.

En principe, un gradé de la partie active ne peut concourir pour l'avancement au titre administratif qu'après avoir rempli dans la comptabilité un emploi de son grade et donné la mesure de ce qu'on peut attendre de lui dans la pratique.

Un comptable qui a obtenu de l'avancement au titre administratif ne peut, sauf le cas de force majeure, passer dans la partie active qu'après avoir passé, dans son nouveau grade, deux années dans les bureaux du capitaine trésorier.

Les nominations au grade d'adjudant 1er secrétaire sont faites par le Ministre sur l'ensemble des candidats de toutes les légions dans lesquelles l'administration par légion est en vigueur.

Candidats pour le grade de sous-lieutenant.

Art. 38. Il importe essentiellement de ne présenter au concours pour l'admission à l'Ecole des sous-officiers élèves officiers, que des candidats encore jeunes, suffisamment dispos de corps et d'esprit pour suivre avec fruit les cours de l'Ecole et pouvant fournir une certaine carrière comme officiers. Un maréchal des logis de gendarmerie est un homme d'âge déjà mûr. Quand on le juge apte à devenir sous-lieutenant, il convient donc de le proposer dès qu'il a deux ans de grade de sous-officier. L'inspecteur invite les chefs de légion à tenir compte de ces considérations.

En ce qui concerne les sous-officiers déclarés admissibles à l'Ecole des élèves officiers de gendarmerie, l'inspecteur se conforme aux prescriptions du chapitre II du règlement du 3 janvier 1901 et transmet leurs dossiers au Ministre.

B. — Officiers.

Art. 39. Les propositions pour l'avancement concernant les officiers de tous grades sont faites et transmises conformément aux prescriptions de l'instruction du 1er juillet 1901, revisée et mise à jour jusqu'au 1er juin 1902.

XI. — PROPOSITIONS POUR LA LÉGION D'HONNEUR
ET LA MÉDAILLE MILITAIRE.

Art. 40. Les propositions pour la Légion d'honneur concernant les officiers, les hommes de troupe et les médecins, pharmaciens et vétérinaires civils, et les propositions pour la médaille militaire sont faites et transmises conformément aux prescriptions de l'instruction ministérielle du 1er juillet 1901, revisée et mise à jour jusqu'au 1er juin 1902.

Les propositions pour la médaille militaire sont présentées par légion. Les propositions pour la Légion d'honneur concernant les officiers et la troupe sont présentées par légion et en outre fusionnées par arrondissement (art. 60 de l'instruc-

tion du 1er juillet 1901, revisée et mise à jour jusqu'au
1er juin 1902; Dispositions particulières à chaque arme).

Dispositions diverses concernant les propositions.

Art. 41. Tout officier, sous-officier, brigadier ou gendarme
inscrit aux tableaux d'avancement ou de concours ne peut en
être rayé, dans l'intervalle d'une inspection à l'autre, que sur
une décision spéciale du Ministre.

Art. 42. Lorsque l'inspecteur croit ne pas devoir renouveler
une proposition d'avancement ou de décoration faite à l'inspection précédente, il annote en conséquence le relevé de
notes modèle E de l'officier. En ce qui concerne l'avancement
de la troupe, il est maître du classement.

XII. — PROPOSITIONS POUR L'ADMISSION DANS LA GENDARMERIE.

Art. 43. L'inspecteur général convoque au chef-lieu de
chaque légion les officiers, adjudants, sergents-majors, ou
maréchaux des logis chefs, proposés pour la gendarmerie et
appartenant aux corps de troupe stationnés sur le territoire
de cette légion.

Il leur fait subir, devant la commission habituelle réunie
sous sa présidence, l'examen oral et écrit réglementaire.

Les officiers déjà classés ne sont pas astreints à subir un
nouvel examen. Ils doivent néanmoins figurer sur les états
modèle D au même titre que les nouveaux candidats.

Les procès-verbaux d'examen sont transmis au Ministre.

Les adjudants et sergents-majors ou maréchaux des logis
chefs qui auront satisfait à l'examen seront appelés à en subir un autre à Paris, dans la deuxième quinzaine d'octobre,
dans les conditions fixées par la note ministérielle du 29 août
1901.

Art. 44. L'inspecteur devra examiner avec le plus grand
soin les dossiers des officiers candidats et s'efforcer de se
rendre compte s'ils offrent par leur tenue, leur jugement, leur
instruction et leur aptitude physique, toutes les garanties de
bons services dans la gendarmerie.

XIII. — RAPPORT D'INSPECTION.

Art. 45. L'inspecteur résume les principales observations
auxquelles son inspection a donné lieu dans chaque légion
dans un rapport qu'il adresse au Ministre par l'intermédiaire
du commandant de corps d'armée.

Il remet à chaque chef de légion une note indiquant les parties du service qu'il juge susceptibles d'amélioration.

XIV. — OFFICIERS D'ORDONNANCE. — INDEMNITÉS.

Art. 46. Les inspecteurs généraux peuvent se faire accompagner d'un officier d'ordonnance qu'ils choisissent, autant que possible, dans leur arrondissement d'inspection.

Les règles spéciales du décret du 18 mars 1901, modifié par le décret du 16 octobre 1902 (§ Inspections générales confiées par le Ministre à des officiers généraux ou supérieurs) sont appliquées aux inspecteurs généraux de gendarmerie et à leurs officiers d'ordonnance. L'indemnité journalière est fixée à 25 francs pour les généraux de division et à 20 francs pour les généraux de brigade.

XV. — DOCUMENTS SERVANT A ÉCLAIRER L'INSPECTEUR.

Art. 47. Les documents ci-après, destinés à éclairer l'inspecteur, sont établis dans chaque légion :

1° Résumé succinct des affaires importantes (conflits, affaires de discipline, etc.) survenues depuis l'inspection précédente (art. 4 de la présente instruction);

2° Etat numérique des punitions de prison et de consigne à la chambre et des changements de résidence par mesure de discipline ou dans l'intérêt du service prononcés depuis l'inspection précédente (modèle n° 1, art. 4 de la présente instruction);

3° Etat relatif au fonctionnement du service de santé et du service vétérinaire (modèle n° 2);

4° Contrôle des hommes de troupe non décorés ayant au moins, au 31 décembre, 20 ans de services, campagnes comprises (modèle n° 3).

Ce contrôle est conservé en temps ordinaire par le chef de légion qui le fait établir et tenir à jour par le capitaine trésorier. Il est inutile de le refaire tant qu'il est suffisamment lisible;

5° Liste sommaire, par ancienneté de grade ou de services, des officiers remplissant les conditions requises pour l'avancement ou la Légion d'honneur (modèle n° 4);

6° Minutes du tableau d'avancement (troupe) et de l'état de propositions pour la Légion d'honneur (troupe) établies par le chef de légion;

7° Minute de l'état de propositions pour le fonds spécial établie, pour chaque compagnie, par le commandant de compagnie et arrêtée par le chef de légion;

8° Liste des hommes de troupe proposés pour l'avancement ou la Légion d'honneur par chaque commandant de compagnie à la suite de sa tournée (modèle n° 5);

9° Liste des hommes de troupe proposés pour l'avancement ou la Légion d'honneur par chaque commandant d'arrondissement à la suite de sa tournée de février (modèle n° 5).

Les pièces 7°, 8° et 9° serviront au chef de légion pour sa revue annuelle. Elles ne seront pas refaites pour l'inspection générale sauf la pièce 7° si elle a été sensiblement modifiée par le chef de légion au cours de ses opérations, mais dans ce cas seulement. Dans ce cas, l'original serait annexé à la pièce refaite;

10° Situations de casernement;

11° Carnets D des brigades, sur lesquels figurent les propositions de toute nature des commandants d'arrondissement et de compagnie;

12° Situation de remonte.

Art. 48. Il est utile que l'inspecteur reçoive ces divers documents, ainsi que les dossiers du personnel des officiers et les folios du personnel de la troupe, dans les conditions suivantes :

I. — Avant d'arrêter son itinéraire : les pièces 1° et 2°.

II. — En arrivant dans le premier poste de chaque légion : les pièces 3°, 4°, 5° et 6°.

III. — En arrivant dans chaque compagnie : les pièces 7°, 8°, 10° et les dossiers du personnel des officiers de cette compagnie ou convoqués pour y être inspectés.

IV. — En arrivant dans chaque centre d'inspection (chef-lieu de compagnie, d'arrondissement ou section ou autre lieu) : les pièces 9°, 11° et 12° et les folios modèle B (troupe) concernant tout le personnel convoqué en ce centre d'inspection.

La production des listes 8° et 9° est surtout pour l'inspecteur un moyen de contrôle et n'implique pas l'obligation de convoquer tous les candidats non maintenus par le chef de légion.

En ce qui concerne les propositions pour la Légion d'honneur (troupe) et la médaille militaire, l'inspecteur les arrête au chef-lieu de légion d'après les instructions du Ministre, les renseignements fournis par le chef de légion ou consignés sur le contrôle des vingt ans et les notes qu'il a pu prendre pendant son inspection. Il lui appartient de convoquer, en cours de route, les candidats dont les brigades ne seraient pas déplacées pour l'inspection et dont la situation, après examen du contrôle des vingt ans, lui semblerait anormale.

Sur les folios du personnel de la troupe, l'inspecteur porte simplement la mention « notes confirmées » dans la colonne *ad hoc,* lorsque les hommes qu'il examine ne donnent lieu à aucune observation saillante.

XIV. — DOCUMENTS A TRANSMETTRE.

Art. 49. Les documents à transmettre par l'inspecteur général sont les suivants :

1° *Au commandant du corps d'armée, à la date fixée par cet officier général et dans la forme prescrite par l'instruction du 1er juillet 1901 :*

Les propositions pour l'avancement (officiers) et pour la Légion d'honneur (officiers, troupe, médecins, pharmaciens et vétérinaires civils) et la médaille militaire et les relevés de notes des officiers non proposés (art. 39 et 40 de la présente instruction) ;

2° Au Ministre (2e Direction; Bureau de la Gendarmerie), après la clôture de l'inspection dans chaque légion ou, au plus tard, pour le 1er octobre :

a) Les dossiers des sous-officiers de gendarmerie déclarés admissibles à l'Ecole des élèves officiers, à la suite du concours d'avril (art. 38 de la présente instruction) ;

b) L'état des officiers des corps de troupe proposés pour être admis dans la gendarmerie avec le procès-verbal d'examen (art. 43 de la présente instruction) ;

c) L'état des sous-officiers des corps de troupe proposés pour être admis dans la gendarmerie comme chefs de brigade avec le procès-verbal d'examen (art. 43 de la présente instruction) ;

3° Au Ministre (2e Direction ; Bureau de la Gendarmerie), après la clôture de l'inspection dans chaque légion ou, au plus tard, pour le 20 novembre :

I. — Etats concernant les prévôtés et le personnel de remplacement (art. 25 de la présente instruction).

II. — Situations de casernement (art. 31 de la présente instruction).

III. — Etats de proposition de gratifications sur le fonds spécial (art. 21 de la présente instruction).

IV. — Listes d'aptitude et tableaux d'avancement aux divers grades et emplois (troupe) (art. 34 de la présente instruction) (une expédition).

V. — Etat des réclamations formulées par les officiers au sujet de leur rang d'ancienneté ou d'autres erreurs les concernant sur l'annuaire.

VI. — Etat des dépenses engagées dans chaque compagnie

par suite des déplacements de personnel résultant de l'inspection générale. Indiquer, par grade, le nombre d'hommes déplacés.

VII. — Rapport d'inspection (art. 45 de la présente instruction).

(Les questions qui seraient encore pendantes au moment de l'établissement du rapport d'inspection, font l'objet d'un rapport spécial adressé ultérieurement au Ministre.)

VIII. — Chemise renfermant toutes pièces non comprises dans l'énumération ci-dessus, tels que rapports, propositions diverses, etc. ;

4° Au Ministre (Cabinet), pour le 20 novembre au plus tard, les listes fusionnées par nature de proposition pour l'arrondissement d'inspection (art. 60 de l'instruction du 1ᵉʳ juillet 1901, revisée et mise à jour jusqu'au 1ᵉʳ juin 1902; Dispositions particulières à chaque arme ou service).

Nota. — Les pièces visées ci-dessus aux §§ 2 et 3, sont transmises au Ministre par bordereau du modèle ordinaire, mais elles sont toutes énumérées sur ce bordereau, et, en regard de celles qui ne sont pas fournies pour une cause quelconque, on porte la mention « Néant ».

Art. 50. Il ne doit être établi, à l'occasion de l'inspection générale, aucune autre pièce que celles visées aux articles 47, 48 et 49 de la présente instruction.

Art. 51. La présente instruction abroge toutes les instructions antérieures concernant l'inspection générale de la gendarmerie.

Paris, le 1ᵉʳ février 1903.

Le Ministre de la guerre,
Général L. André.

TABLEAU indiquant la composition des arrondissements de gendarmerie.

NUMÉROS des ARRONDISSEMENTS.	DÉSIGNATION DES LÉGIONS APPARTENANT A CHAQUE ARRONDISSEMENT.	OBSERVATIONS.
1er............	Paris, garde républicaine, 5ᵉ, 7ᵉ, 7ᵉ *bis*	
2ᵉ............	1ʳᵉ, 2ᵉ, 3ᵉ, 6ᵉ, 20ᵉ.	
3ᵉ............	4ᵉ, 9ᵉ, 10ᵉ, 11ᵉ.	
4ᵉ............	12ᵉ, 17ᵉ, 17ᵉ *bis*, 18ᵉ.	
5ᵉ............	8ᵉ, 13ᵉ. 16ᵉ et 16ᵉ *bis*.	
6ᵉ............	14ᵉ, 14ᵉ *bis*, 15ᵉ, 15ᵉ *bis*, 15ᵉ *ter*.	
7ᵉ............	19ᵉ légion : Tunisie.	

Modèle Nº 1.

Feuille simple : 315/205ᵐᵐ

ᵉ LEGION DE GENDARMERIE.

ETAT numérique des punitions de prison et de consigne à la chambre et des changements de résidence par mesure de discipline ou dans l'intérêt du service, prononcés depuis l'inspection générale de (1)

DÉSIGNATION des		NOMBRE D'HOMMES PUNIS			NOMBRE DE CHANGEMENTS de residence.		OBSERVATIONS.
		de prison.		de consigne à la chambre.	Mesure de discipline.	Intérêt du service.	
ARRONDISSEMENTS.	COMPAGNIES.	pour ivresse.	pour indiscipline.				
1	2	3	4	5	6	7	8

(1) Millésime de l'année précédente.

A   , le   190 .

Le Chef de légion,

Nota. — Ne pas mentionner les arrondissements ou compagnies pour lesquels il n'y a rien à signaler.

MODÈLE Nº 2.

Feuille simple : 315/205ᵐ.

ᶜ LÉGION DE GENDARMERIE.

*ÉTAT relatif au fonctionnement du service de santé
et du service vétérinaire.*

	COMPAGNIES DE				OBSER-VATIONS.
I. SERVICE DE SANTÉ.					
Nombre de brigades soignées par — des médecins militaires........					
des médecins civils — gratuitement.......					
par abonnement....					
par visite..........					
Prix de — la visite — prix maximum....					
prix moyen........					
l'abonnement — prix maximum....					
prix moyen........					
Pharmaciens.......... — gratuits...........					
avec réduction.....					
sans réduction.....					
II. SERVICE VÉTÉRINAIRE.					
Nombre de brigades à cheval soignées par — des vétérinaires militaires.....					
des vétérinaires civils — gratuitement.......					
par abonnement....					
par visite..........					
Prix de — la visite — prix maximum.....					
prix moyen........					
l'abonnement — prix maximum					
prix moyen........					
III. FERRURE. — FUMIERS.					
Prix de la ferrure — 1º à l'abonnement — prix maximum.....					
prix moyen........					
2º par ferrure — prix maximum.......					
prix moyen........					
Prix de vente du fumier................ — prix maximum.....					
prix moyen........					

A   , le   190   .

Le Chef de légion,

MODÈLE Nᵒ 3.

Feuille double : 260/210ᵐᵐ
avec intercalaires.

ᵉ LÉGION DE GENDARMERIE.

CONTROLE des hommes de troupe non décorés ayant,
au 31 décembre 190 , vingt ans de services, campagnes comprises.

NUMÉROS D'ORDRE.	NOMS.	GRADES et arme.	COMPAGNIE.	ARRONDISSEMENT.	BRIGADE.	SER-VICES.			CAMPAGNES.	BLESSURES.	CITATIONS à l'ordre		Total des annuités.	MÉDAILLES						OBSERVATIONS.
						Ans.	Mois.	Jours.			de l'armée.	de la légion.		militaire.	d'honneur.	coloniale.				
1	2	3	4	5	6	7	8	9	10	11	12	13	14	15	16	17	18	19	20	21
(A)													(C)				(D)	(D)	(D)	(B)

(A) Dans la colonne 1, porter les hommes par ordre d'ancienneté de services, campagnes comprises.
(B) Indiquer dans la colonne « Observations » :
1ᵒ La nature des blessures ;
2ᵒ La nature des campagnes : Algérie, Martinique, Madagascar, etc., avec la mention « en guerre » quand il y a lieu ;
3ᵒ Le motif du retard, s'il y a lieu, en ce qui concerne les non médaillés déjà anciens.
(C) Faire le total des annuités en chiffres ronds, en comptant, pour une année complète en sus, toute période en excédent égale au moins à six mois ou supérieure à six mois.
(D) Dans les colonnes 18, 19 et 20, porter les médailles commémoratives d'expéditions : Madagascar, Tonkin, etc.

NOTA. — Le présent contrôle comporte une couverture en papier bulle fort portant l'indication de la légion et le même titre que l'en-tête du cadre.

MODÈLE N° 4.

Feuille simple, 315/205ᵐᵐ.

ᵉ LÉGION DE GENDARMERIE.

LISTE, par rang d'ancienneté de grade ou de services, des officiers remplissant les conditions requises pour l'avancement ou la Légion d'honneur et des sous-officiers proposés pour sous-lieutenant.

NOMS.	GRADES.	RÉSIDENCES.	NUMÉRO DE PRÉFÉRENCE du chef de légion.	OBSERVA- TIONS.
I. — *Pour lieutenant-colonel.*				
II. — *Pour chef d'escadron.*				
III. — *Pour capitaine, etc., etc.*				

Indiquer dans la colonne « Observations » par la mention « A. C. de 19 », les officiers qui figurent déjà au tableau d'avancement ou de concouqs.

A   , le   190

Le Chef de légion,

MODÈLE Nº 5.

Feuille simple, 315/205ᵐᵐ,
tracée au recto et, au
besoin, au verso.

ᵉ LÉGION DE GENDARMERIE.

COMPAGNIE DE   . — ARRONDISSEMENT DE

LISTE, par ordre de préférence, des gradés et gendarmes présentés pour l'avancement ou la Légion d'honneur en 19   par le [a]

NUMÉRO DE PRÉFÉRENCE du (a)	NOMS.	GRADE et ARME.	ARRONDIS-SEMENT.	BRIGADE	DATE de la NOMINATION au grade actuel.	NUMÉRO DE PRÉFÉRENCE sur		OBSERVATIONS.
						le tableau préparé par le chef de légion.	la liste du commandant de compagnie.	
1	2	3	4	5	6	7	8	9
I. — *Pour adjudant.*								
II. — *Pour maréchal des logis chef.*								
III. — *Pour maréchal des logis à cheval.*								
IV. — *Pour maréchal des logis à pied, etc., etc.*								

(a) 1° Commandant de compagnie ou d'arrondissement, suivant le cas ;

2° En cas de rejet de candidatures, mettre à la place convenable, dans les colonnes 7 et 8, des guillemets au lieu de numéros ;

3° Dans la colonne 9, porter en regard des anciens candidats la mention « A. C. de 19   ».

A   , le   190 .

Le [a]

Paris et Limoges. — Imprimerie militaire Henri CHARLES-LAVAUZELLE.